DIXON PUBLIC LIBRARY
230 North First Street
(707) 678-5447

DISCARD

Gimnasia divertida para niños

Gimnasia divertida para niños

Estimula a tu hijo
mediante ejercicios y juegos
con movimiento

PETER WALKER

ONIRO

Dedicado a
Chandana y Tai

* *

Hop, Skip and Jump ha sido creado y producido por **Carroll & Brown Limited**

Título original: *Hop, Skip and Jump*
Publicado en inglés por Carroll & Brown Limited

Traducción de Joan Carles Guix

Fotografías de Jules Selmes

Quedan rigurosamente prohibidas, sin la autorización escrita de los titulares del *copyright*, bajo las sanciones establecidas en las leyes, la reproducción total o parcial de esta obra por cualquier medio o procedimiento, comprendidos la reprografía y el tratamiento informático, y la distribución de ejemplares de ella mediante alquiler o préstamo públicos.

NOTA: El autor y el editor declinan toda responsabilidad ante cualquier perjuicio (personal, económico o de otra clase) que pudiera resultar del uso y/o aplicación de cualquier contenido de la presente publicación.

Text copyright © Peter Walker 2002
Illustrations and compilation copyright © Carroll & Brown Limited 2002
All rights reserved

© 2003 de todas las ediciones en lengua española
Ediciones Oniro, S.A.
Muntaner 261, 3.°- 2.ª - 08021 Barcelona - España
(oniro@edicionesoniro.com - www.edicionesoniro.com)

ISBN: 84-9754-054-9
Depósito legal: B-16.082-2003

Impreso en España - *Printed in Spain*

Índice

Introducción

A los niños les encanta moverse. Incluso cuando se ven obligados a estar sentados, juguetean con los dedos, repiquetean en el suelo con los pies y se balancean incesantemente adelante y atrás.

Este libro, que hace un uso extensivo de este amor natural de los niños por el movimiento, presenta una diversidad de juegos y técnicas de gimnasia ligera que contribuyen a mantener la elasticidad y flexibilidad de tu hijo a medida que éste se hace mayor y más fuerte. Estos juegos y ejercicios seguros y divertidos fomentan un fitness

continuado durante un importante período del desarrollo físico.

Desde el momento del nacimiento, los bebés estiran las extremidades y retuercen y flexionan el cuerpo para crear una maravillosa gama de movimientos y potenciar así la flexibilidad de sus principales articulaciones. Durante los doce primeros meses, poco más o menos, desarrollan las técnicas motrices necesarias para adquirir independencia.

Una vez sentadas las bases de la flexibilidad, cuando son un

Algunos de los estiramientos que se describen en el libro se basan en posturas tradicionales del yoga.

Están especialmente indicadas para los niños, ya que muchas de las posturas del yoga se basan en realidad en posiciones y movimientos que realiza naturalmente un niño durante su desarrollo.

poquito mayores continúan desarrollando la fuerza, sobre todo elevando y desplazando el peso de su cuerpo, en rápido crecimiento. A menos que sigan experimentando una amplia variedad de movimientos cuando empiezan a andar, como todos los levantadores de peso, empezarán a perder un poco de su flexibilidad innata. Es pues en esta etapa cuando hay que trabajar para que conserven su elasticidad natural.

Este libro te permitirá garantizar la salud y la perfecta forma física de todos los músculos y articulaciones principales de tu hijo, y te enseñará a ayudarlo a mantener su flexibilidad, aumentando su capacidad de ejecutar de un modo eficaz una amplia gama de movimientos a medida que vaya creciendo y adquiriendo un espíritu más aventurero.

Los beneficios de la gimnasia ligera no son sólo físicos. Un niño que se mueve con libertad y delicadeza se siente relajado y seguro de sí mismo. Por otro lado, al practicar los juegos y ejercicios de este libro, ambos –tú y tu hijo– aprendéis a cooperar juntos. El pequeño depende de la sujeción y acción de tus manos para intentar nuevas posturas y figuras con el cuerpo; de ahí que estés fomentando una mayor confianza en vuestra relación. Con cada suave estiramiento, el niño se sentirá más y más cómodo con su cuerpo: más firme sobre sus pies y más seguro de sus respuestas.

Pero el verdadero objetivo de este libro es el entretenimiento. Se ha diseñado para que te diviertas al máximo con tu hijo. Déjate contagiar de su espíritu; de este modo, el tiempo que paséis juntos será inolvidable, lleno de risas y cariño.

Tanto para los niños como para los adultos, el interés de estas posiciones reside en mantener la flexibilidad y una postura ideal.

Hitos del desarrollo

Desde el nacimiento hasta alrededor de los tres años, tu hijo desarrolla nuevas técnicas motrices con una velocidad asombrosa. Es sorprendente observar la transformación que se produce en tan corto período de tiempo, mientras el pequeño va creciendo y pasa de ser un bebé que depende por completo de sus cuidadores para satisfacer sus necesidades y deseos a un niño fuerte e independiente, capaz de actuar por sí solo, incluso fuera del hogar.

Todos los niños siguen una secuencia bien documentada de etapas de desarrollo, pero la edad en la que cada uno de ellos alcanza cada etapa varía extraordinariamente. Se suelen producir diferencias en las pautas individuales; algunos niños, por ejemplo, pasan mucho más tiempo gateando que otros. Aunque resulta útil conocer cuáles son los hitos del desarrollo para poder ayudar a fomentar las técnicas en las que está trabajando tu hijo, también es importante no juzgarlo ni comparar sus capacidades con los demás niños de su edad, excepto en los términos más generales. Sin embargo, si estás preocupado porque el pequeño parece andar muy retrasado en el desarrollo de cualquier técnica motriz, te aconsejo que lo consultes con un pediatra.

Infancia

Durante los primeros 15 o 18 meses, el bebé debe adaptarse desde el entorno ingrávido del útero materno y acostumbrarse poco a poco a vivir sometido a la fuerza de la gravedad, la más poderosa de la Tierra. A lo largo de este período, desarrollará múltiples capacidades motrices y táctiles que le permitirán iniciar su andadura en el camino hacia la independencia. A grandes rasgos, se podría decir que el pequeño va a desarrollar la flexibilidad siguiendo una pauta diferenciada. Primero, abrirá la cara anterior de su cuerpo, pasando de una posición fetal al estiramiento de los músculos frontales, al tiempo que estira y estira cada vez más la espalda, y flexiona y fomenta el movimiento de las numerosas articulaciones corporales.

Deben transcurrir entre dos y tres meses para que se estire cómodamente y relaje las extremidades.

A los 3 MESES **dispondrá de un cierto grado de control y, tumbado sobre el vientre, tendrá la fuerza suficiente en la columna vertebral para poder elevar la cabeza y los hombros desde el suelo, soportando su peso con los antebrazos. Al término del sexto mes, controlará perfectamente la cabeza.**

A los 9 MESES **es probable que el bebé sea capaz de sentarse erguido y sin apoyo. Cuando está echado en el suelo empezará a rodar sobre sí mismo, disfrutando de su primera experiencia de libertad de movimiento. Es ahora cuando puede empezar a gatear y a ponerse de pie, agarrándose a los muebles y otros puntos de apoyo.**

De 1 a 4 años

Una vez en movimiento, el niño se asemeja a un pequeño levantador de pesas. Elevando y transportando su creciente peso corporal, se fortalecerá rápidamente. Sin embargo, al igual que cualquier levantador de pesas, a menos que continúe realizando una gama completa de movimientos, sus músculos y articulaciones empezarán a anquilosarse y su cuerpo se volverá menos flexible. De ahí la importancia de dejar que tu hijo se mueva libremente en lugar de confinarlo durante largos períodos de tiempo a los parques domésticos o andadores.

13 MESES **es la edad media en la que un niño aprende a andar sin ayuda. También suele ser capaz de gatear escaleras arriba.**

A los 15 MESES **el pequeño pasa de la posición de sentado a de pie sin apoyo y puede arrodillarse sin ayuda para recoger objetos del suelo. Es capaz de empujar por el suelo juguetes grandes, con ruedas, y es posible que se siente en una silla encaramándose a ella y luego girando sobre sí mismo.**

A los 18 MESES **el niño anda hacia atrás y hacia delante, corre, empuja y tira de los juguetes, y arroja una pelota sin perder el equilibrio.**

A los 21 MESES **es capaz de inclinarse hacia delante en posición de pie para recoger objetos del suelo sin caerse. Asimismo, adopta una cómoda posición en cuclillas.**

A los DOS AÑOS **tu hijo puede correr, salvar obstáculos con seguridad, ponerse en cuclillas para descansar y luego reincorporarse con facilidad. Es capaz de chutar una pelota sin caerse, de subir y bajar escaleras, colocando dos pies en cada peldaño y agarrándose a la barandilla, sentarse a horcajadas y propulsar grandes juguetes con ruedas.**

A los DOS AÑOS Y MEDIO **el pequeño puede saltar con los dos pies juntos y caminar de puntillas. También es capaz de subir escaleras sin ayuda, adelantando un pie cada vez, aunque al bajar seguirá colocando los dos pies en cada peldaño y agarrándose a la barandilla. Ahora se mostrará muy activo, andando, corriendo y saltando libremente, al tiempo que continúa gateando, rodando por el suelo, arrodillándose y poniéndose en cuclillas.**

A los TRES AÑOS **podrá sostenerse brevemente sobre una pierna, trepar con agilidad y volver las esquinas y evitar los obstáculos mientras empuja grandes juguetes móviles.**

Puede montar en un triciclo y sentarse con las piernas cruzadas, arrodillado o sentado entre los pies. Al bajar las escaleras es probable que salte el último o dos últimos peldaños. Lo hace para divertirse.

Entre los TRES Y CUATRO AÑOS **se perfeccionan numerosas capacidades móviles. La audacia y confianza en sí mismo de tu hijo irán en aumento. Está preparado para aventurarse en el mundo con una creciente independencia.**

Lo aconsejable
y no aconsejable
en la gimnasia ligera

Aconsejable

Practica la gimnasia ligera sólo cuando os apetezca a ti y a tu hijo. El pequeño percibirá cualquier tensión o renuencia de tu parte.

Procura que sea divertido. Habla, canta y estimula constantemente al niño mientras practicáis estos ejercicios juntos.

Instala una superficie blanda y antideslizante sobre la que poder ejercitarse. Coloca cojines alrededor de la zona de práctica para que amortigüen las caídas y compongan un área más cálida en la que tu hijo pueda relajarse al término de la sesión.

Empieza lentamente cuando inicies al niño en la gimnasia ligera. Hazlo con uno o dos ejercicios y luego añade los demás gradualmente. Aunque es recomendable hacer todos los ejercicios del libro por lo menos una vez por semana, no deberías intentar realizarlos todos durante una sola sesión práctica.

Controla tu estado físico. Ten cuidado con las distensiones y sobrecargas en las rodillas o la espalda.

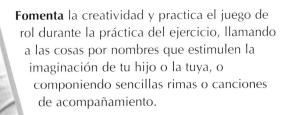

Fomenta la creatividad y practica el juego de rol durante la práctica del ejercicio, llamando a las cosas por nombres que estimulen la imaginación de tu hijo o la tuya, o componiendo sencillas rimas o canciones de acompañamiento.

Da por terminada la sesión antes de que el niño se aburra. Es preferible que se quede con ganas de seguir un poco más.

No aconsejable

NO realices éstos u otros ejercicios de flexibilidad con tu hijo si es hipermóvil o «blando».

NO practiques la gimnasia ligera si el pequeño se siente mal, tiene alguna hinchazón, contusión o se queja de dolor. En tal caso, consulta a un médico de inmediato.

NO intentes realizar demasiados ejercicios en una misma sesión, a menos que os lo estéis pasando en grande y el niño insista en continuar. A medida que adquiráis confianza, las sesiones se prolongarán paulatinamente.

NO obligues a tu hijo a realizar estos ejercicios en contra de su voluntad. Si no le apetece o se muestra poco entusiasmado con la idea, lo único que lograrás es aumentar su resistencia. Recuerda que la gimnasia ligera es algo que debes hacer «con» el niño, no «para» el niño.

NO utilices la fuerza para desplazarlo hasta una determinada posición. Estos ejercicios pueden poner de manifiesto áreas de rigidez en el pequeño, que se pueden superar con una práctica regular y delicada, siguiendo detenidamente las directrices de cada ejercicio.

COLUMNA VERTEBRAL, TÓRAX Y HOMBROS

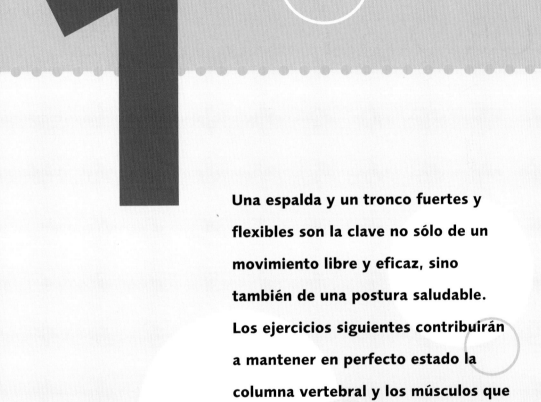

1

Una espalda y un tronco fuertes y flexibles son la clave no sólo de un movimiento libre y eficaz, sino también de una postura saludable. Los ejercicios siguientes contribuirán a mantener en perfecto estado la columna vertebral y los músculos que los rodean y apoyan.

Aplaudir y sacudir

Si empiezas cuando tu hijo es bastante pequeño, tendrás la oportunidad de potenciar el desarrollo de la flexibilidad de su tronco. Tan pronto como sea capaz de levantar cómodamente los brazos hacia arriba, puedes empezar a ayudarlo a «relajarse».

Este estiramiento es beneficioso para los bebés, pues empiezan a mover los brazos, pero puedes continuar practicando estos sutiles movimientos cuando el niño tenga entre 1 y 4 años en una amplia variedad de diferentes situaciones. Trabajar juntos para estirar sus brazos hacia los lados y hacia arriba le ayudará a abrir el tórax y a precalentar suavemente la columna vertebral antes de proseguir con otros estiramientos más vigorosos que encontrarás a lo largo del libro. Asimismo, puede ayudarlo a relajarse, no sólo al término de una sesión lúdica de ejercicios, sino también en otros momentos del día.

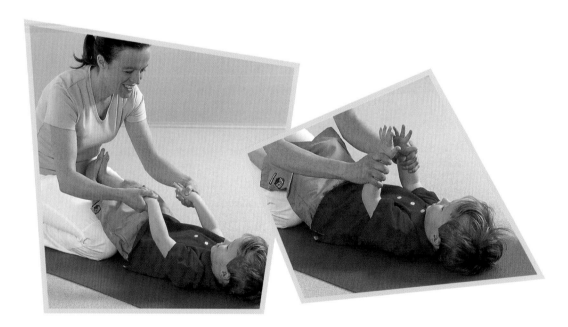

1 Siéntate cómodamente en un cojín, con tu hijo echado de espalda y mirándote de frente. Coge sus manos y sacude un poco sus brazos antes de aproximarlos a su cuerpo.

2 Sacúdele suavemente los brazos antes de dar palmadas con las manos. Ahora abre sus brazos en línea con los hombros. Repítelo varias veces, siempre con movimientos delicados.

Consejo
práctico

*No fuerces en lo más mínimo
los brazos de tu hijo. Si se resiste
a levantarlos, sujétalo por los codos
y golpea suave y rápidamente
los brazos contra el suelo,
sin estirarlos.*

3 Sujeta al niño por los codos y golpéalos con suavidad, pero rápidamente, varias veces contra el suelo para relajarlos por completo a partir de los hombros.

4 Sacude de nuevo los brazos del niño y luego elévalos por encima de su cabeza. Si lo deseas, puedes aprovechar la ocasión para darle un montón de besos en el pecho para que se divierta.

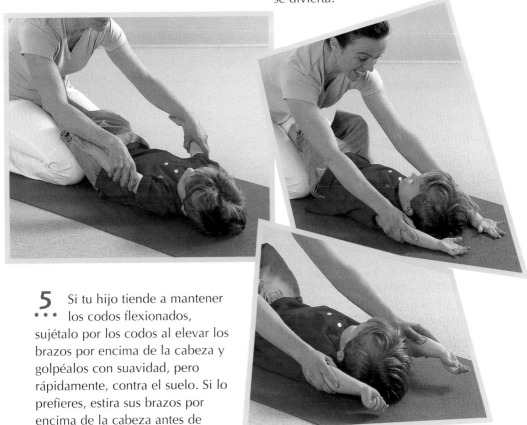

5 Si tu hijo tiende a mantener los codos flexionados, sujétalo por los codos al elevar los brazos por encima de la cabeza y golpéalos con suavidad, pero rápidamente, contra el suelo. Si lo prefieres, estira sus brazos por encima de la cabeza antes de golpearlos contra el suelo.

Masaje circular

Teniendo en cuenta lo importante que es la postura para la respiración, este ejercicio abre y relaja el tórax y los hombros de lado a lado y de arriba abajo, además de cerrar y fortalecer los músculos de la espalda.

Este estiramiento puede resultar especialmente útil cuando quieras ayudar a tu hijo a tranquilizarse, ya que fomenta la relajación. Mientras elevas sus brazos hacia arriba en línea con la cabeza, los omóplatos se desplazan hacia abajo, abriendo por completo el tórax y relajando los hombros, lo cual debería inducir una deliciosa sensación de serenidad. La respiración del niño se desacelerará y se hará más profunda, dando lugar a un estado de calma y sosiego.

A medida que tu hijo va pasando más tiempo de pie y sentado, es importante sentar las bases de una buena postura en el futuro. La columna vertebral sólo estará en un perfecto estado si los músculos que la soportan también lo están. De ahí que su fortalecimiento sea un paso muy importante para adoptar una postura saludable en el futuro.

Consejo práctico

Procura sentarte con comodidad. Cualquier malestar que experimentes lo transmitirás a tu hijo. Si te resulta difícil estar arrodillada en el suelo, coloca un cojín entre los pies y las nalgas, debajo de éstas.

1 Siéntate cómodamente
con el niño en tu regazo.

2 Cuando
ambos hayáis
adoptado una
posición lo más
cómoda posible,
desplaza tus manos
hasta su pecho y,
con las palmas,
practícale un
masaje en el tórax
y los hombros con
suaves
movimientos
circulares.

3 Sacude ligeramente sus brazos y
luego ábrelos lateralmente. Dale un
masaje en los brazos desplazando las
manos desde el hombro hasta el
antebrazo. Repítelo tres o cuatro veces.

4 Inclínate hacia atrás, sacude
suavemente sus brazos y elévalos
por encima de su cabeza en línea con
los oídos. Balancéate un poco de un
lado a otro y vuelve a sacudir sus
brazos para terminar.

19

Balanceo lateral

Hoy en día, con el énfasis que se suele hacer en la necesidad de tumbar a los bebés de espalda para dormir y jugar, algunos niños pueden haberse perdido aquel valioso tiempo tumbados de vientre en las primeras etapas de su desarrollo físico. El desarrollo de una espalda fuerte se inicia en la infancia, cuando el pequeño se yergue sobre sus brazos cuando está tumbado de vientre en el suelo.

El siguiente ejercicio constituye un buen remedio para un niño que no haya pasado demasiado tiempo tumbado de vientre, aunque lo cierto es que cualquier pequeño se puede beneficiar de la posibilidad de abrir y relajar el pecho y el vientre, fortaleciendo así su espalda.

También constituye un buen primer paso para los niños pequeños que se muestran un poco reticentes a arquear la espalda o abrir el tórax. Si tu hijo se siente vulnerable al estirar la cara frontal de su cuerpo, esto es una introducción sutil al movimiento. A medida que vaya arqueando delicadamente la espalda, apoyado en tus piernas y muy cerca de tus reconfortantes brazos, su confianza irá en aumento.

Consejo práctico

Presta atención a la cabeza y el cuello de tu hijo. El cuello debería estar alineado con la columna vertebral. Si empieza a forzar la cabeza hacia arriba, ayúdalo a recuperar la posición de sentado impulsándolo por la espalda.

1 Siéntate cómodamente en el suelo o sobre un cojín, con las rodillas ligeramente flexionadas. Deja que el niño se siente transversalmente sobre tus muslos y soporta la cara posterior de su cabeza con una mano y ambas piernas con la otra, mientras tu hijo empieza a relajar la espalda sobre tus piernas.

2 Sacude suavemente sus piernas al descenderlas, dejando que se arquee hacia atrás, sobre tus muslos. Si el pequeño empieza a levantar la cabeza o manifiesta algún signo de malestar, ayúdalo a incorporarse de nuevo.

3 Sacude ligeramente sus brazos y elévalos por encima de su cabeza en línea con los oídos. Mientras sus manos se apoyan en el suelo, balancéalo de un lado a otro. Sacude una vez más sus brazos antes de reincorporarlo.

21

Frotar el vientre

Cuando los niños pequeños se sientan y ponen de pie por primera vez, mantienen la espalda perfectamente recta. Es algo natural en ellos. Una columna vertebral fuerte y sana es fundamental para adoptar esta postura, que beneficia a la estructura general del cuerpo.

Una columna fuerte y una buena postura también contribuyen a conservar la energía. En efecto, cuando la columna está recta, el peso corporal está distribuido uniformemente hacia abajo a través de sus articulaciones, pero si un niño se cae arqueando la columna y hundiendo el pecho, su peso no puede ser soportado por los huesos y requiere la realización de un esfuerzo muscular adicional.

Puedes ayudar a tu hijo a mantener la integridad de su columna vertebral durante la infancia y más allá de la misma practicando leves flexiones. Estos estiramientos fortalecen la columna, al tiempo que mantienen la flexibilidad y la amplitud del movimiento.

Dar un suave masaje al niño mediante un ligero golpeteo y percusión potenciará los efectos positivos de la flexión de espalda: estimulará la relajación total del pecho y del vientre mientras se estiran los músculos.

Consejo práctico

Si tu hijo está incómodo haciendo las flexiones de espalda, puedes hablarle o cantarle una canción que le ayude a relajarse. Procede lentamente, deteniéndote si se muestra reacio, y trátalo con todo el cariño del mundo para que se sienta seguro y confiado.

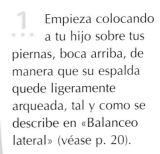

1 Empieza colocando a tu hijo sobre tus piernas, boca arriba, de manera que su espalda quede ligeramente arqueada, tal y como se describe en «Balanceo lateral» (véase p. 20).

2 Utilizando el peso relajado de tu mano, golpea suavemente el vientre del niño en la dirección de las agujas del reloj, continuando con leves golpeteos hacia sus muslos. Si se resiste y desea levantar la cabeza o los pies, ayúdalo a sentarse de nuevo.

3 Ahueca las manos juntas y dale unos leves y rítmicos golpecitos en el pecho.

Botar y rodar

Esta flexión de espalda está especialmente diseñada para preservar y mejorar la fuerza y flexibilidad de la espalda de tu hijo. Además de ser extremadamente terapéutico, este ejercicio también debería constituir una fuente de placer, pues no sólo beneficiará físicamente al niño, sino que también constituirá una forma de entretenimiento para que tú y tu hijo paséis un rato juntos. Si procuras que el pequeño se divierta, disfrutará de la experiencia... y tú también.

Una pelota de ejercicios puede añadir más diversión e interés. Los niños suelen responder con naturaleza a las pelotas y les encanta jugar con ellas.

Deja que tu hijo se entretenga a sus anchas con la pelota que haya elegido; el juego libre también es muy valioso para su desarrollo físico, creativo y emocional.

Hacer botar un poco al pequeño mientras se estira desvía la concentración del ejercicio y hace que la actividad resulte más lúdica. De este modo, no se sentirá sometido a la presión de conseguir un determinado resultado, sino que será capaz de gozar del movimiento y el estiramiento. Puedes mantener la atención de tu hijo mediante el contacto visual y cantando o hablando mientras está montado en la pelota. Esto también le permitirá sentirse más seguro de sí mismo.

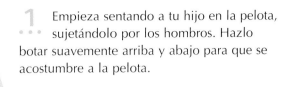

1 Empieza sentando a tu hijo en la pelota, sujetándolo por los hombros. Hazlo botar suavemente arriba y abajo para que se acostumbre a la pelota.

2 Cuando esté cómodo, anímalo a tumbarse de espalda sobre la pelota. Cuando haya relajado la cabeza y las piernas, sujétalo por una cadera y el hombro opuesto, y hazlo rodar ligeramente adelante y atrás.

3 Recupera la posición de tumbado sobre la parte superior de la pelota y cambia la sujeción. Hazlo ahora por las caderas, haciéndolo botar varias veces arriba y abajo.

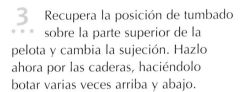

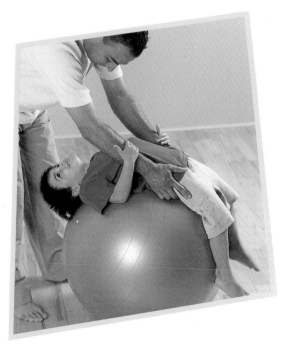

Uso de una pelota de ejercicios
Cuando trabajes con tu hijo con una pelota de ejercicios, recuerda que es inestable. Asegúrate de que el niño está siempre en el centro de la pelota para que no ruede hacia los lados o hacia atrás sin el debido apoyo. Al principio, mientras os acostumbráis a trabajar con ella, puede ser útil que esté un poco deshinchada. De este modo, será más estable.

Rodar sobre la pelota

El abdomen también se conoce como el centro de la tranquilidad. Si colocas la mano en el vientre de tu hijo cuando está relajado y feliz, lo notarás suave y maleable, y si la colocas cuando está enojado o se siente infeliz, estará duro como una roca. Ayudarlo a mantener un vientre relajado es muy beneficioso para su salud y bienestar futuros. Cualquier cosa que hagamos, nuestro rendimiento mejora si mantenemos una perfecta relajación abdominal, ya que cuando el abdomen está tenso, nuestra concentración se ve obstaculizada por las sensaciones de la incomodidad interior. Asimismo, mantener los músculos tensos provoca fatiga y consume mucha energía corporal.

El estiramiento que te mostramos aquí no sólo relaja el abdomen, sino que ayuda a la digestión. Al relajarse los músculos abdominales, el estiramiento libera los gases acumulados y crea espacio para que los órganos abdominales funcionen con más eficacia. Este ejercicio es una continuación de «Botar y rodar» (véase p. 24).

1 Coloca a tu hijo sobre su pelota, tumbado de espalda. Sujétalo de las caderas y anímalo a relajar la espalda.

2 Hazlo rodar un poco hacia delante hasta adoptar una posición de pie, con los pies tocando el suelo y la cabeza y la columna vertebral cómodamente arqueadas sobre la pelota.

3 Sin soltarlo de las caderas, haz rodar la pelota lentamente hacia atrás y hacia delante, animándolo a tumbarse de nuevo sobre la parte superior de la pelota, esta vez con los brazos estirados a los lados.

Consejo práctico

Sugiere a tu hijo que imagine que forma parte de la pelota y que se hunde con ella cada vez que la haces botar con suavidad. Esto le ayudará a relajarse.

Rodar sobre la pelota (avanzado)

El movimiento es el signo más evidente de la vida, y cuanta mayor es la fluidez con la que se mueve el cuerpo, más vivo parece. De ahí que la observación –y participación– en la jubilosa libertad física de los niños resulte tan revigorizante.

Las articulaciones del cuerpo son cruciales para el movimiento libre y enérgico. Unas articulaciones sanas son capaces de realizar la gama completa de movimiento para la que están diseñadas, sobre todo en la columna vertebral, que apoya y protege el sistema nervioso central. Una columna flexible asegura el funcionamiento saludable del sistema nervioso y la libre distribución de los impulsos nerviosos a través del cuerpo.

Las flexiones de espalda de este tipo tienen distintas finalidades: movilizan y fortalecen la espalda al tiempo que estiran la cara delantera del cuerpo.

A medida que tu hijo vaya adquiriendo más experiencia con las flexiones de espalda,

puedes animarlo gradualmente a estirarse un poquito más.

Aquí, en esta variación más avanzada del ejercicio anterior, levanta los brazos por encima de la cabeza, generando un estiramiento que alarga el cuerpo desde las puntas de los dedos de las manos hasta las de los pies, mientras se apoya cómodamente en la pelota.

1 Mientras tu hijo está tumbado en la parte superior de la pelota, sujétalo con firmeza por las caderas. Cuando se sienta cómodo y seguro, hazla botar y rodar suavemente adelante y atrás, manteniéndolo siempre cerca de la parte superior de la pelota.

2 Sujétalo ahora firmemente por las rodillas y dile que estire los brazos por encima de la cabeza. Hazlo botar y rodar un poquito más hacia atrás, asegurándote de que la cabeza y el cuello están relajados.

3 Cambia de nuevo de sujeción, cogiéndolo ahora por los tobillos, siempre con firmeza. Hazlo botar y rodar ligeramente un poco más hacia atrás, con los brazos estirados por encima de la cabeza y ésta y el cuello relajados, hasta que toque el suelo con las manos.

Flexión de espalda con apoyo

Trabajar íntimamente con tu hijo constituye una experiencia enormemente satisfactoria. En esta variación de la flexión de espalda, utilizarás tu propio cuerpo para apoyar al niño, en lugar de hacerlo con la pelota. Se trata de un estiramiento muy relajante tanto para ti como para él.

Cuando el pequeño permite que soportes su peso corporal, está confiando en tu capacidad de sostenerlo con seguridad. Esta clase de confianza constituye la base de algunos juegos gimnásticos que se ilustran más adelante en este libro, además de cimentar una maravillosa relación paternofilial.

1 ••• Siéntate cómodamente sobre los pies y pide a tu hijo que se coloque de pie con su espalda pegada a la tuya. Cuando estéis listos, dile que levante los brazos, y sujetándolo firmemente de las manos, dale una leve sacudida para distenderlo y relajarlo antes de empezar.

2 ••• Comprueba que el niño se siente cómodamente relajado, con la cara anterior de la cabeza y la sección superior de la espalda apoyados contra las tuyas, inclínate lentamente hacia delante y soporta su peso. Deberías notar su cabeza, la parte superior e inferior de su espalda y sus piernas apoyadas en tu espalda.

Consejo práctico

*Durante este ejercicio es importante
que ambos mantengáis la cabeza
y el cuello relajados para evitar
cualquier sobrecarga en la espalda.
Si el niño empieza a levantar la cabeza,
pídele que vuelva a relajarla.*

3 Cuando el niño esté en equilibrio
en tu espalda con los pies sin
tocar el suelo, procura no inclinarte
demasiado hacia delante. Suéltale los
brazos de uno en uno, sujétalo de las
caderas y balancéalo con suavidad de
un lado a otro.

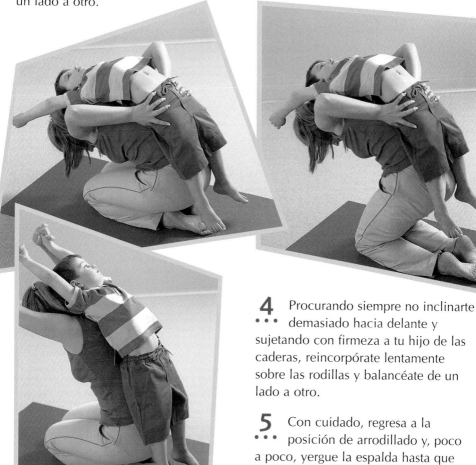

4 Procurando siempre no inclinarte
demasiado hacia delante y
sujetando con firmeza a tu hijo de las
caderas, reincorpórate lentamente
sobre las rodillas y balancéate de un
lado a otro.

5 Con cuidado, regresa a la
posición de arrodillado y, poco
a poco, yergue la espalda hasta que
el niño quede de pie.

Flexión de espalda sin apoyo

El oxígeno es nuestro primer «alimento de la vida». Podemos pasar varias semanas sin comer y algunos días sin beber, pero tan sólo unos minutos sin oxígeno.

En la respiración profunda interactúan muchos músculos, y el estiramiento que se muestra en este ejercicio contribuirá a mantener su sano funcionamiento.

Cuando todos los músculos implicados en la respiración funcionan a la perfección, consiguen un ritmo que se conoce como respiración abdominal, más eficaz que la rápida respiración superficial que tiene lugar cuando sólo se respira con el tórax. Asimismo, la respiración abdominal es más relajante.

La respiración superficial está asociada a sentimientos de ansiedad y mantiene el cuerpo en un permanente estado de alerta, mientras que las inhalaciones prolongadas, lentas y profundas son tranquilizantes.

Mientras os estiráis juntos, observa el ritmo respiratorio de tu hijo. Si respira rápidamente, tranquilízalo y anímalo a que inhale y expulse el aire de una forma más prolongada y profunda.

Consejo práctico

Si al principio tu hijo se siente reacio a intentar esta flexión de espalda elevada, deja que se acostumbre a la sensación de ser izado del suelo intentando la misma acción pero tumbado boca abajo sobre tu espalda en lugar de boca arriba.

1 Arrodíllate sobre un cojín, con las nalgas descansando en los talones, y pide al niño que se coloque de pie detrás de ti, apoyando su espalda contra la tuya. Sujétalo de la parte inferior de las piernas, anímalo a relajarse y a soltar el peso de su cuerpo sobre el tuyo y a estirar los brazos a los lados. Balancéalo suavemente de un lado a otro.

2 Sujétalo ahora justo por encima de los tobillos. Inclínate hacia delante y fomenta la relajación del pequeño en esta flexión de espalda, extendiendo los brazos por encima de su cabeza. Asegúrate de que su cabeza permanece relajada contra la tuya y de que no tensa el cuello. Balancéalo ligeramente.

3 Mientras te reincorporas de nuevo lentamente, sujeta a tu hijo de las caderas, y al sentarte, desplázalo con suavidad hasta que recupere la posición de pie.

MOVILIDAD DE LAS CADERAS Y LAS PIERNAS

A medida que tu hijo se entregue con entusiasmo a la práctica de nuevas actividades físicas, confiará en la fuerza y agilidad de sus piernas. Realizando los ejercicios de este capítulo contribuirás a mantener la flexibilidad de sus piernas y caderas.

Aplaudir en bicicleta

Las caderas y las piernas son los centros de poder del cuerpo. Proporcionan una sólida base para sentarse y estar de pie, al tiempo que impulsan la locomoción, primero gateando, luego andando, corriendo, trepando, montando en bicicleta, etc.

Durante los primeros meses de vida, el bebé mantiene las piernas flexionadas durante la mayor parte del tiempo, y no suele ser sino hasta los tres o cuatro meses que es capaz de relajarlas por completo y mantenerlas totalmente extendidas.

A medida que los niños van creciendo es especialmente importante conservar la flexibilidad de las piernas. Todas las actividades en las que intervienen, tales como correr o montar en bicicleta, se efectúan mejor con las articulaciones libres.

1 Siéntate cómodamente sobre los pies, con tu hijo tumbado de espalda en el suelo y los pies apuntando hacia ti.

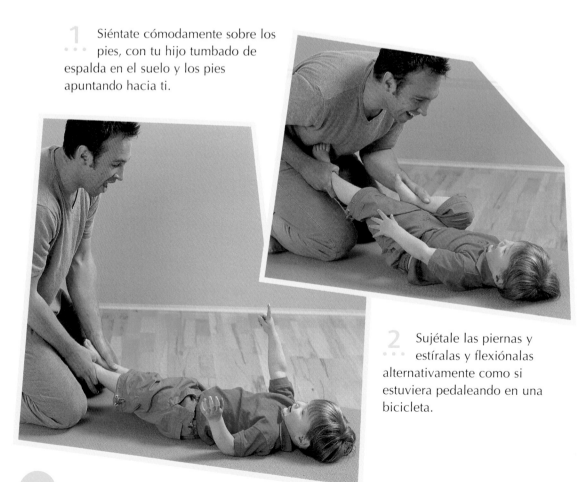

2 Sujétale las piernas y estíralas y flexiónalas alternativamente como si estuviera pedaleando en una bicicleta.

Pero dado que estos movimientos son repetitivos, pueden entumecer los músculos mientras los fortalecen y, con el tiempo, limitar la gama de movimientos de las articulaciones. Durante un largo período, esto puede incrementar el desgaste de las articulaciones activas, aumentando su propensión a las lesiones.

La práctica de gimnasia ligera es un contrapunto ideal a estas actividades repetitivas. Disfrutando de ejercicios que distienden los músculos y mueven las articulaciones en toda su extensión de movimiento, existen menores posibilidades de rigidez y, en consecuencia, menos oportunidades de lesiones.

3   Ahora sujeta al niño por los tobillos y simula la acción de aplaudir con los dos pies juntos para relajarle las piernas aún más si cabe.

4   Empuja suavemente sus pies hacia el vientre mientras lo balanceas un poco de un lado a otro.

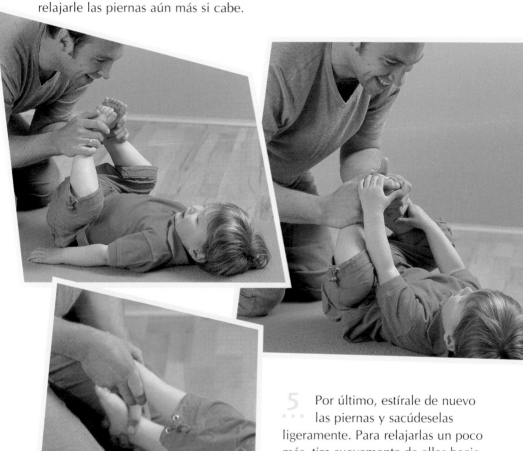

5   Por último, estírale de nuevo las piernas y sacúdeselas ligeramente. Para relajarlas un poco más, tira suavemente de ellas hacia ti varias veces.

37

Besar los dedos de los pies

A medida que los niños pequeños adquieren confianza a la hora de andar, sus piernas se fortalecen paulatinamente y pierden aquel primitivo aspecto arqueado al más puro estilo *cowboy*. Este fortalecimiento se produce cuando se contraen los músculos de la cara interior del muslo, obligando a las rodillas a alinearse con las caderas. Si bien es cierto que esto es esencial para que las articulaciones de la cadera funcionen como es debido y para que consigan una mayor estabilidad en posición de pie y al andar, también significa que las piernas pierden cierta flexibilidad.

Ejercicios como éste ayudarán a tu hijo a conservar la máxima cantidad posible de flexibilidad sin comprometer la fuerza y estabilidad necesarias para disfrutar de una vida activa y enérgica.

Aquí ayudarás al niño a desplazar las piernas hacia arriba, hacia su rostro. Los bebés lo pueden hacer sin el menor esfuerzo, succionando en ocasiones los deditos de sus pies por puro placer, pero a los niños un poco mayorcitos el estiramiento les resultará un poco más complicado. No fuerces el estiramiento; tan pronto como percibas la menor tensión, deja que las piernas del pequeño vuelvan a relajarse.

Juegos y diversión

Mientras practica este estiramiento, el niño simula que su pierna es una muñeca o un peluche al que besa y acuna.

1 Siéntate cómodamente en el suelo con tu hijo entre las piernas apoyándose en ti. Ayúdalo a que «acune» una pierna entre sus manos, dejando la otra relajada y flexionada. Balancea suavemente la pierna elevada de un lado a otro.

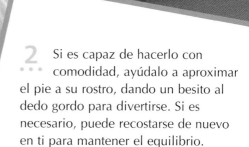

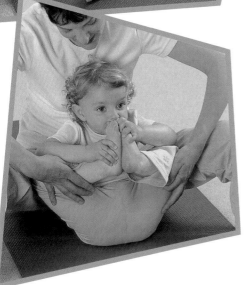

2 Si es capaz de hacerlo con comodidad, ayúdalo a aproximar el pie a su rostro, dando un besito al dedo gordo para divertirse. Si es necesario, puede recostarse de nuevo en ti para mantener el equilibrio.

Alternativa

Si tu hijo tiene las caderas muy flexibles, puede intentar desplazar un pie hacia su rostro mientras mantiene la otra pierna estirada al frente. Se trata de una variación bastante compleja, de manera que sólo conviene intentarla cuando se sienta muy confiado con el estiramiento básico.

3 Deja que levante los dos pies hacia su rostro para besarlos mientras lo sujetas ligeramente de los muslos.

Apertura de caderas

A medida que tu hijo se vuelva más activo físicamente, su coordinación mejorará constantemente, permitiéndole realizar actividades más variadas y desafiantes. Todos los ejercicios de este libro pueden ayudarlo a desarrollar la coordinación, pero es importante hablar durante el ejercicio, mientras

trabajáis juntos. De este modo, concentrarás la mente del niño además de su cuerpo, y esta conexión mente-cuerpo es esencial para la coordinación motriz. A los niños muy pequeños el sonido de tu voz les reconfortará, los de uno a cuatro años aprenderán los nombres de las partes de su cuerpo, y los niños un poco mayorcitos adquirirán una cierta experiencia a la hora de seguir instrucciones simples.

Es posible que muy pronto tu hijo intente invertir los papeles y darte instrucciones para realizar un estiramiento. Si dejas que lo haga de vez en cuando, contribuirás a potenciar su autoconfianza.

Alternando suavemente las piernas, este ejercicio te ayudará a mejorar la coordinación de tu hijo, al tiempo que sigue desarrollando la flexibilidad de las caderas y las piernas, y contribuye a relajar los músculos que permiten a las piernas girar abiertas a la altura de las caderas, lo cual, a su vez, añade un sutil estiramiento de la espalda.

1 Siéntate cómodamente en el suelo con tu hijo tumbado frente a ti. Sujétalo de los pies y desplázalos hacia el vientre, dejando que las rodillas se flexionen y que las piernas se extiendan lateralmente.

2 Suelta el pie izquierdo y mientras empujas con suavidad el muslo derecho, desplaza ese pie hacia la cara del niño, con la pierna izquierda flexionada y relajada. Repítelo con el pie izquierdo.

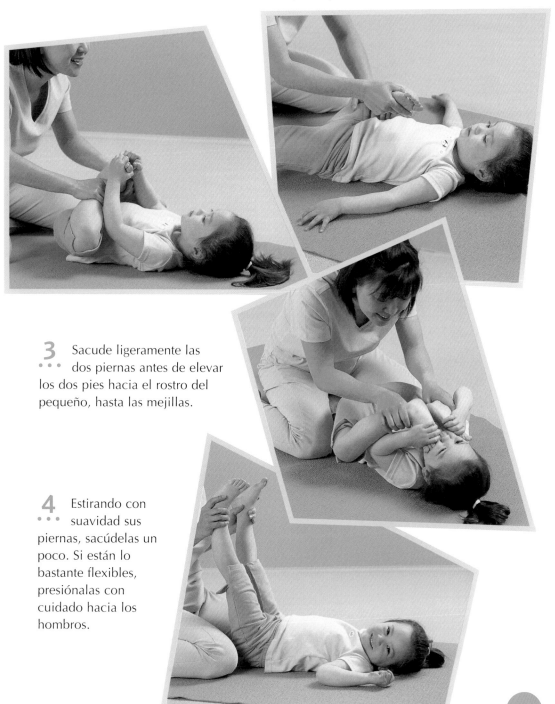

3 Sacude ligeramente las dos piernas antes de elevar los dos pies hacia el rostro del pequeño, hasta las mejillas.

4 Estirando con suavidad sus piernas, sacúdelas un poco. Si están lo bastante flexibles, presiónalas con cuidado hacia los hombros.

Sentado con los pies juntos

La postura de sentado con los pies juntos y las rodillas abiertas es la primera que adoptan los niños cuando se sientan por primera vez. Asimismo, es una de las formas más sanas de hacerlo, pues a partir de esta sólida base, la espalda permanece recta, aunque tu hijo tiene la suficiente libertad para inclinarse hacia delante o lateralmente si así lo desea. Este estilo de sentarse depende de la flexibilidad de las articulaciones de las caderas, y en realidad, cuando el pequeño se mueve a partir de esta posición,

inclinándose tal vez para alcanzar un juguete o un libro, está estirando eficazmente aquellas articulaciones, asegurando su perfecto estado. Cuanto más flexibles son las caderas, más amplia es la base del cuerpo y más segura es la postura de sentado.

Al principio, cuando aprenden a sentarse erguidos, la mayoría de los bebés se caen hacia delante o hacia delante y a un lado. Esto se debe a que todavía no han aprendido a «anclarse». Toda estructura vertical necesita unos buenos cimientos, y cuando tu hijo haya aprendido a empujar hacia abajo sobre la base de la columna vertebral, le resultará mucho más fácil mantenerse sentado. Los siguientes ejercicios, que utilizan esta postura y otras variaciones de la misma, contribuirán a relajar las piernas del niño y mantendrán flexibles sus articulaciones de las caderas, creando una base segura para una espalda fuerte.

1 Siéntate cómodamente en el suelo con tu hijo sentado en tu regazo, mirando hacia delante y con las piernas flexionadas. Pasa tus brazos por debajo de los suyos y coloca las manos en sus tobillos.

2 Con delicadeza, júntale los pies, con las rodillas abiertas, y balancéalo ligeramente de un lado a otro.

3 Deja que el niño se incline hacia delante unos 45°, apoyándose con firmeza, mientras continúas balanceándolo suavemente de un lado a otro.

Aprender a sentarse

La mayoría de los bebés pueden sentarse solos a partir de los cinco o seis meses. Con el tiempo, continúan perfeccionando la técnica, apoyándose primero con los brazos, luego sin brazos y más tarde girando y alcanzando objetos en posición de sentados. Por último, aprenden a sentarse sobre los pies.

Muchos pequeños siguen haciéndolo durante varios años. Si es el caso de tu hijo, asegúrate de que pone los pies abiertos hacia dentro. Si no, la probabilidad de que se produzca una dislocación en las articulaciones de las caderas aumentará.

Sentado con los pies juntos y columpio

La flexibilidad de los tobillos, rodillas y caderas es vital para una postura equilibrada y el movimiento libre del resto del cuerpo. Cuando los niños corren y saltan, confían en el funcionamiento saludable de sus articulaciones principales para protegerlos de las lesiones.

El tobillo es un arco flexible que amortigua todo el peso del cuerpo. Puede girar y rotar para adaptarse a las superficies irregulares, y permite al cuerpo mantenerse erguido al caminar o correr sobre un terreno accidentado. Las rodillas, las mayores articulaciones del cuerpo humano también son capaces de flexionar y girar hacia dentro y hacia fuera. La flexibilidad de las articulaciones de las caderas es vital para la integridad de la columna vertebral, pues le permite mantenerse recta cuando el cuerpo se incline hacia delante.

Al implicar a todas las articulaciones clave de la parte inferior del cuerpo, la postura de sentado con los pies juntos constituye un estiramiento extremadamente provechoso. Esta variación se debe practicar con los más pequeñines. Les encantará columpiarse en brazos de papá o de mamá. Los niños un poco mayores podrían practicar la misma postura con la pelota (véase p. 46).

Consejo práctico

Mientras columpias a tu hijo, controla la posición de tu espalda y de tus hombros. Es esencial que no sufran la menor sobrecarga.

1 Empieza sentándote cómodamente
sobre los talones, con tu hijo sentado
en tu regazo, mirando al frente. Pasa tus
brazos por debajo de los suyos y coloca las
manos en sus tobillos.

2 Une las plantas de sus pies, dejando
que las rodillas se abran hacia fuera,
y deja que se incline 45° mientras lo sujetas
por el abdomen con los antebrazos.

3 Sujetando a tu hijo con firmeza
en esta posición, incorpórate
sobre las rodillas, y con los hombros
relajados colúmpialo suavemente de
un lado a otro mientras él se inclina
hacia delante.

4 Vuelve a sentarte sobre los
talones antes de descender
lentamente a tu hijo hasta tu regazo.
Cúbrelo de besitos y abrazos.

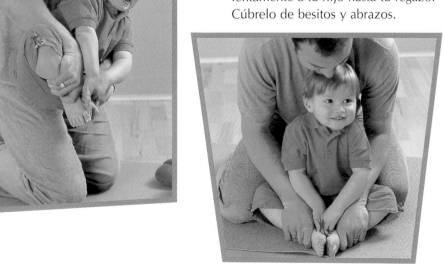

45

Sentado con los pies juntos y una pelota

Cuando los niños empiezan a asistir a grupos de juego, guarderías o a preescolar, a menudo necesitan sentarse en el suelo «con las piernas cruzadas» para realizar diferentes actividades. Sentarse con las piernas cruzadas es una variación de la posición de sentado con los pies juntos. Ser capaz de sentarse cómodamente ayudará a tu hijo a mantener la concentración en cualquier actividad que esté realizando.

Incluso en casa, es una buena idea animarlo a sentarse en el suelo en lugar del caminador o un sofá. En el suelo, el pequeño adoptará

inconscientemente una postura sana, con la columna vertebral recta y equilibrada, mientras que sentado en un mullido sofá encorvará la columna y desplazará el mentón hacia delante.

Muchos adultos deben sus pésimas posturas al mobiliario en el que se sientan, y al igual que los niños, también se beneficiarían de sentarse en el suelo. Cada vez que te unas a tu hijo en el suelo, controla tu propia postura. Por lo demás, practicar la postura de sentado con los pies juntos también mejora la flexibilidad.

Consejo práctico

Acuérdate de sujetar siempre con firmeza a tu hijo cuando esté equilibrado sobre la pelota de ejercicios.

1 De pie con los pies apoyados firmemente en el suelo y los hombros relajados, coloca a tu hijo sobre la pelota, sujetándolo con seguridad. Debería tener los pies juntos y las rodillas abiertas.

2 Pon las manos en la parte inferior de sus piernas y balancéalo suavemente adelante y atrás sobre la pelota.

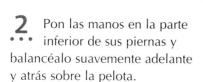

3 Ahora sujeta al niño con una mano en la espalda y la otra sobre el pecho y hazlo botar un poco unas cuantas veces para que se divierta.

Flexión hacia delante

Los ligamentos del hueso poplíteo, situado en la cara anterior de los muslos, son músculos que ayudan a mantener el cuerpo erguido, y aunque es necesario que estén fuertes, también lo es que sean lo bastante elásticos como para que un niño pueda realizar una flexión adelante sin someter a una sobrecarga la espalda y la columna vertebral.

Unas piernas flexibles constituyen una extraordinaria ventaja para la postura y la movilidad, al tiempo que contribuyen a mejorar la circulación. Cuando están relajados, los músculos posturales actúan a modo de esponjas, absorbiendo la sangre de las arterias, y cuando se contraen, la expulsan de nuevo hacia las venas. Esta relajación y contracción de los músculos posturales les permite

actuar como bombas, potenciando la circulación de la sangre de vuelta hacia el corazón, a través de las venas, y desafiando la fuerza de la gravedad.

La flexión hacia delante puede ser difícil para los niños a los que no se ha acostumbrado a realizar una amplia gama de movimientos a medida que van creciendo. A muchos pequeños les cuesta hacerlo con las piernas rectas y tocar el suelo con las manos. Si los ligamentos del hueso poplíteo se pudieran distender libremente, deberías ser capaz de realizar una flexión a partir de la cintura, con las rodillas sin flexionar, y apoyar las palmas de las manos en el suelo. Con este liviano ejercicio tu hijo pasará un rato muy divertido.

Juegos y diversión

Deja descansar un ratito a tu hijo entre ejercicio y ejercicio para que juegue con sus juguetes favoritos o simplemente corretee un poco.

48

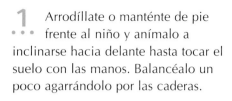

1 Arrodíllate o manténte de pie frente al niño y anímalo a inclinarse hacia delante hasta tocar el suelo con las manos. Balancéalo un poco agarrándolo por las caderas.

2 Manténlo sujeto por las caderas y deja que doble las rodillas y baje la cabeza hacia el suelo, con la barbilla metida.

3 Sin dejar de sujetarlo por las caderas, ayúdalo a rodar hacia delante y hacia arriba, sosteniéndolo en el aire con las manos, hasta que su culito se apoye en tus rodillas. Repítelo tres o cuatro veces. Deténte si tu hijo se aburre.

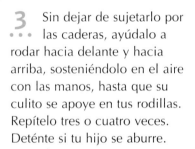

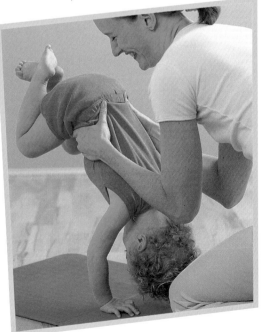

Alternativa

Si deseas introducir una variación en este ejercicio, utiliza una pelota de ejercicios. Siéntalo sobre ella, de frente y con las piernas estiradas, mientras lo sujetas de las manos y los antebrazos.

Ayúdalo a inclinarse hacia delante haciendo rodar lentamente la pelota hacia atrás. Luego, hazla rodar de nuevo hacia delante. Repítelo dos o tres veces.

De vuelta a la posición inicial, sujeta a tu hijo por el tórax y hazlo botar con suavidad tres o cuatro veces, aproximando su pecho hacia las piernas en cada bote.

Apertura de piernas

A menudo, al saltar, bailar o intentar recuperar el equilibrio durante el juego, tu hijo necesita abrir las piernas para disponer de una base más amplia. Todas las estructuras verticales, tanto si se trata de un niño como de un edificio, dependen de sus cimientos. Así pues, si las piernas están fuertes y flexibles, y se pueden abrir para conseguir una base amplia, el pequeño se sentirá seguro.

A diferencia de la espalda o de los hombros, las articulaciones de las caderas ocultan fácilmente su rigidez, y la tensión sólo se evidenciará al abrir

y estirar las piernas lateralmente. Si los abductores –músculos de la cara interna del muslo– no pueden abrirse lateralmente con facilidad, es más difícil sentarse con los pies juntos y las rodillas abiertas (véase p. 42), lo cual puede obligar a tu hijo a adoptar posiciones de sentado menos sanas. La apertura de piernas ayuda a mantener estos músculos esenciales en un perfecto estado físico.

Con un poco de imaginación durante la práctica del ejercicio el niño se divertirá mucho más. Podría ser un vaquero que intenta mantenerse sentado en la silla de un caballo rebelde.

Consejo práctico

*Si tu hijo está muy tenso
en las flexiones hacia delante
o las aperturas de piernas, no intentes
correr demasiado. Es preferible
hacer poco y a menudo.*

1 Ponte de pie frente a tu hijo y sujétalo de las manos y antebrazos mientras se sienta a horcajadas sobre la pelota. Balancéalo varias veces a un lado y otro para que quede perfectamente equilibrado y empiece a estirar las piernas.

2 Sin dejar de sujetarlo con firmeza, anímalo a inclinarse hacia delante, haciendo rodar lentamente la pelota hacia atrás. Dile que intente permanecer sentado en la pelota. Ahora, vuelve a rodar la pelota hacia delante. Repite dos o tres veces el rodamiento hacia atrás y hacia delante.

3 Coloca de nuevo al niño en la posición inicial, pon las manos en la parte superior de la espalda, en los costados, y hazlo botar tres o cuatro veces, o más, desplazando su tórax hacia las piernas.

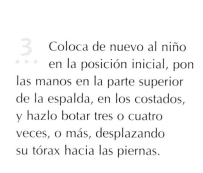

FLEXIBILIDAD DE LA CABEZA Y EL CUELLO

La forma de sostener la cabeza y el cuello

es fundamental para la postura del niño.

Con cuidado y atención los ejercicios

de este capítulo contribuirán a asegurar

un estado físico fuerte y sano de por vida.

Apoyo de hombros

De todas las *asanas* o posturas del yoga, el apoyo de hombros es una de las más beneficiosas, ya que según los expertos regula la tensión sanguínea y facilita el retorno venoso (el retorno de la circulación de la sangre al corazón). También alivia cualquier tensión en el cuello.

El cuello es la parte más flexible de la columna vertebral; es la única sección que permite una flexión plena hacia delante. Al mismo tiempo, los músculos y las articulaciones del cuello permiten que la cabeza gire de hombro a hombro, se flexione lateralmente hasta tocar los hombros con los oídos y se flexione hacia atrás y adelante.

La cabeza, equilibrada sobre la columna vertebral, permanece elevada y recta gracias al empuje equivalente de los músculos de todos los lados del cuello. Los niños pequeños, por su propia naturaleza, mantienen la cabeza erguida, sin inclinarla hacia delante como suelen hacerlo muchos adultos. Este ejercicio ayudará a tu hijo a mantener una buena postura, puesto que la práctica del apoyo de hombros fomenta la elasticidad, la fortaleza y la flexibilidad del cuello.

Consejo práctico

Tu hijo no debería girar la cabeza durante el apoyo de hombros. Si lo hace, baja de nuevo las piernas con cuidado hasta el suelo sin forzar aún más el giro.

1 Coloca al niño tumbado de espalda en el suelo y frente a ti, y sujétalo firmemente por los tobillos. Por tu parte, ponte en cuclillas, con las rodillas flexionadas y manteniendo la espalda recta para evitar la menor sobrecarga en la región lumbar.

2 Lentamente, eleva las piernas de tu hijo hasta que descanse en la cara inferior de los hombros. Háblale y balancéalo con suavidad de un lado a otro antes de bajar las piernas hasta apoyarse de nuevo en la espalda.

3 Cuando se sienta confiado con el apoyo de hombros, puedes animarlo a tirar del mentón hacia el pecho. Esto te permitirá levantar aún más las piernas, prolongando el estiramiento.

55

Apoyo de manos

El apoyo de manos es una postura revigorizante que facilita un aporte adicional de sangre y oxígeno al cerebro. Asimismo, aumenta el aporte sanguíneo a la glándula pituitaria y a la glándula pineal, cuyo correcto funcionamiento fomenta el crecimiento, la salud y la vitalidad.

Además, el apoyo de manos contribuye a prolongar y alinear la columna vertebral.

Al principio, para algunos niños esta posición puede resultar algo traumática, lo cual, según una teoría, podría estar asociado al nacimiento. En

1 Colócate de pie con las piernas y los pies ligeramente separados. Tu hijo debe estar tumbado de espalda en el suelo, frente a ti.

2 Sujétalo por los tobillos e ízalo con suavidad hasta que la coronilla toque el suelo, y también las palmas de las manos. Aguanta el peso del niño y mantén esta posición durante unos segundos antes de bajarlo de nuevo.

efecto, en el transcurso de la mayoría de los partos, el bebé desciende a través del canal uterino cabeza abajo. Si tu hijo da la sensación de estar nervioso o incómodo, empieza izándolo del suelo muy lenta y suavemente. Ante el menor signo de malestar, detente y balancéalo un poco. Repítelo gradualmente hasta que se sienta plenamente cómodo antes de ampliar la extensión del ejercicio.

Alternativa

Puedes deslizar el cuerpo de tu hijo apoyándolo en tus piernas hasta que quede en posición invertida y con las palmas de las manos en el suelo.

3 Cuando haya adquirido confianza, puedes animarlo a estirar los brazos.

4 Si tiene los brazos estirados, desciende hasta el vientre, y si no, hasta apoyar la espalda en el suelo. Repítelo dos o tres veces.

Apoyo de manos en la posición de la cobra

En este ejercicio se utiliza una pelota para soportar el peso del niño, lo que significa que se puede sentir más confiado y divertirse un poco más. Hazlo botar y balancear mientras le hablas. De este modo, se sentirá totalmente relajado antes de empezar. Tómate las cosas con calma y no te apresures.

A medida que tu hijo sea capaz de soportar una parte de su peso con el apoyo de manos, fortalecerá los brazos y los hombros. Pasar desde esta posición a la de la cobra le ayudará a mantener los hombros flexibles y a estirar el pecho y el abdomen.

1 De pie con las piernas y los pies separados, sujeta a tu hijo de las caderas y deja que flexione la espalda sobre la pelota.

2 Desliza las manos hasta sus tobillos y hazlo rodar lentamente hacia atrás hasta que la coronilla toque el suelo. Repítelo hasta que se sienta cómodo, y luego anímalo a apoyar las palmas de las manos en el suelo y a empujar hacia arriba mientras lo haces rodar de nuevo hacia delante.

Consejo práctico

Trabaja siempre sobre una superficie blanda para proteger el rostro de tu hijo.

3 Sitúate junto a tu hijo, sujetándolo con firmeza de los tobillos, y colócalo con cuidado en la posición de apoyo de manos.

4 Anímalo a levantar la cabeza para que pueda ver la pelota (*superior derecha*). Luego, bájalo hasta el suelo y déjalo en la posición de la cobra (*inferior derecha*). Mientras lo haces, es posible que tengas que empujar un poco la pelota para dejar espacio, pero procura no soltar al niño ni girarlo al cambiar de posición.

FLEXIONES DE ESPALDA Y EQUILIBRIO

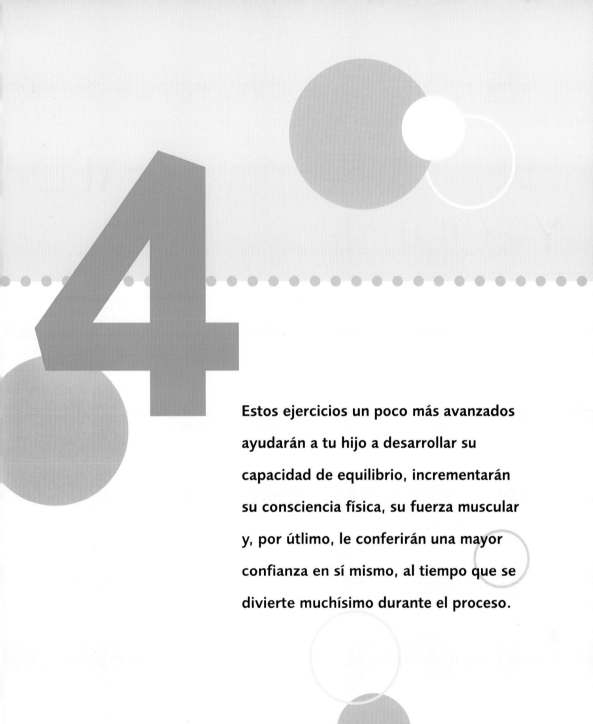

4

Estos ejercicios un poco más avanzados
ayudarán a tu hijo a desarrollar su
capacidad de equilibrio, incrementarán
su consciencia física, su fuerza muscular
y, por útlimo, le conferirán una mayor
confianza en sí mismo, al tiempo que se
divierte muchísimo durante el proceso.

Elevación de piernas

Este ejercicio suelen practicarlo los padres y los hijos sin ninguna orientación o instrucción. Dado que resulta connatural a la mayoría de los niños, casi siempre resulta divertido y conviene tenerlo en cuenta cuando tu hijo necesite un cierto estímulo para realizar un poco de gimnasia ligera.

Las elevaciones de piernas de estas páginas constituyen una preparación ideal para la flexión más avanzada de la p. 66. No intentes la versión más

ambiciosa hasta que el pequeño se sienta cómodo con la elevación, y hasta que hayas adquirido la fuerza y confianza necesarias para soportar su peso con las piernas y antebrazos. También puedes utilizar este ejercicio para trabajar el «Giro hacia atrás desde los muslos», lo cual requiere elevar bastante al niño con las piernas para sujetarlo de las caderas.

Consejo práctico

La posición de tus antebrazos es muy importante, pues constituyen los soportes primarios de tu hijo. Si se sujeta correctamente a ellos, podrás controlar sus movimientos cuando hayas iniciado la elevación de las piernas.

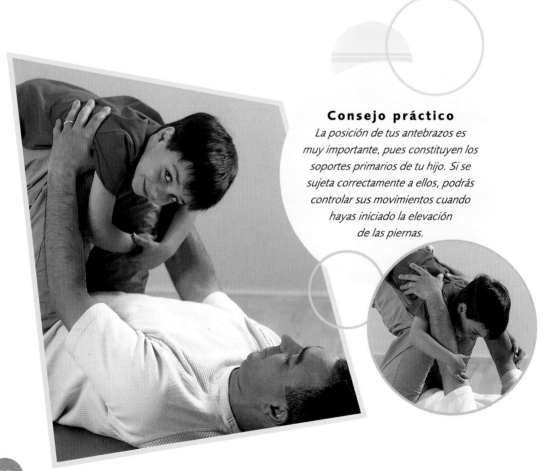

1   Túmbate cómodamente de
    espalda, a ser posible con la
cabeza apoyada en un cojín, y las
piernas flexionadas. Deja que tu hijo se
coloque sobre tus piernas, con las
suyas bien abiertas, los pies encarados
a los tuyos y la cabeza sobre tus
rodillas.

2   Relájate y balancéalo
    suavemente de un
lado a otro.

3   Sujétalo apoyando
    los antebrazos en sus
hombros antes de subir
y bajar las piernas.

Truco
*Estos ejercicios te ayudarán
a fortalecer los músculos
abdominales. Para evitar la
sobrecarga de la espalda,
procura que ésta
permanezca en una
posición neutral. No la gires
ni arquees, ni tampoco
pongas en tensión el cuello.
Inspira al elevar a tu hijo y
utiliza la respiración para
facilitar el movimiento.*

63

Giro hacia delante

Te presentamos un magnífico estiramiento para tu hijo. Suspendido en la flexión de espalda, puede abrir el pecho y los hombros, y estirar el abdomen sin el menor esfuerzo. Se sentirá tan encantado con la naturaleza acrobática del ejercicio que deseará repetirlo una y otra vez.

Tu sujeción firme es fundamental durante todo el ejercicio. No lo intentes hasta que hayas practicado la «Elevación de piernas» (p. 62) y te sientas seguro de ti mismo en su ejecución. Deberás ser capaz de elevar bastante al niño, soportando su peso casi por completo con las piernas, para transferir tu sujeción a sus caderas antes de elevarlo y realizar la flexión de espalda.

Es importante mantener los brazos firmemente apoyados en los hombros del pequeño al elevarlo. De este modo se evita la sobreextensión de la columna vertebral. Debes elevarlo, no hacerlo girar, durante la flexión de espalda, soportando su peso durante todo el ejercicio.

Consejo práctico

Cuida tu espalda. Evita las sobrecargas manteniendo la columna vertebral en una posición neutral. Si te sientes incómoda, baja al niño y relájate unos segundos tumbándote de lado con las rodillas flexionadas.

1 Túmbate de espaldas, a ser
••• posible con un cojín debajo de la
cabeza, y las rodillas flexionadas. Sitúa
a tu hijo sobre las piernas y elévalo. Su
cabeza debería sobresalir de tus
rodillas y las piernas deberían estar
bien abiertas, con los pies colgando.

2 Apoya los
••• antebrazos en
los hombros del
niño, eleva las
piernas y atrápalo
por las caderas para
subirlo y bajarlo un
par de veces.

3 Sin dejar de apoyar los
••• antebrazos en sus hombros y
con las manos en las caderas, elévalo
por encima de tu cabeza hasta la
posición de flexión de espalda.

4 Si tu hijo no pesa
••• demasiado para ello,
eleva de nuevo su espalda por
encima de tu cabeza y hazlo
girar hasta que recupere la
posición inicial.

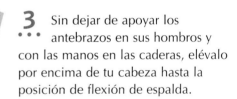

65

Despegue

La forma en la que sostienes, tocas y juegas con tu hijo le transmite una diversidad de mensajes. Para un niño sano, un toque firme y confiado es fundamental para sentirse seguro. No sólo se da cuenta de que sus padres lo aman, sino también de que es fuerte y resistente. Por el contrario, si lo tratas como si fuera de cristal, le estás diciendo que es frágil, transmitiéndole un mensaje de inseguridad.

Con todo, este ejercicio no es de fuerza o flexibilidad, sino que de lo que se trata ahora es de fomentar la relación que mantienes con tu hijo. Es importante que permanezcas atento en todo instante, observando las reacciones del niño y respondiendo a ellas afirmativamente. Si parece enojado o asombrado por lo que estás haciendo, detente y espera un poco. Inténtalo de nuevo transcurridos unos pocos segundos o bien unos días. Decídelo según las circunstancias. La próxima vez que vayas a realizar este ejercicio, procede más lentamente, cantándole o hablándole para que se sienta más seguro y confiado.

Consejo práctico

Éste es un ejercicio que sólo se debe realizar con niños muy pequeños. Presta atención a tu comodidad: no sobrecargues la espalda o los hombros al elevar a tu hijo.

Truco

Cada vez que te prepares para elevar al niño, ofrécele una contraseña verbal –«preparados, listos, ya» o «uno, dos y tres»– para que sepa que algo está a punto de ocurrir. Así aprenderá a asociar estas palabras con algo especial.

1 Sujeta a tu hijo con firmeza alrededor del pecho, por debajo de los brazos.

2 «Preparados, listos, ya», y elévalo hasta que estéis cara a cara. Si se divierte, repítelo varias veces.

3 «Preparados, listos, ya», y elévalo por encima de tu cabeza. Repítelo también varias veces.

Estiramiento y balanceo lateral

Al igual que muchos de los ejercicios de gimnasia ligera de este libro, este estiramiento lateral tiene múltiples beneficios. Ayuda a abrir el pecho y los hombros, y también contribuirá a fortalecer los brazos y piernas de tu hijo. Por último, le permitirá estirar los laterales del tórax, fomentando la flexibilidad de la caja torácica y la relajación de la respiración.

Antes de empezar, tómate tu tiempo, procurando que el pequeño se sienta lo más confiado posible. Si bien es cierto que a la mayoría de los niños les gusta este tipo de balanceo, es posible que al principio se muestren un poco aprensivos. Sea como fuere, no tardarán en pasar del nerviosismo a la carcajada.

No obstante, incluso con una cariñosa preparación, algunos niños no se divierten con esta elevación. Si es el caso de tu hijo, puedes utilizar la variación de la pelota (p. 70), con la que obtendrá los mismos beneficios de los estiramientos laterales.

Consejo práctico

Dado que las muñecas y los tobillos de tu hijo aún no han completado su desarrollo, sujétalo por el antebrazo y la sección inferior de la pierna. Por otro lado, la cadera es una articulación más grande y fuerte que el hombro. De ahí que sea preferible soportar una mayor cantidad de peso a través de la pierna.

1 Con las piernas separadas para mantener una buena estabilidad, flexiona las rodillas y sujeta a tu hijo por el antebrazo izquierdo y la sección inferior de la pierna del mismo lado.

2 Elévalo un poco del suelo, dejando que el costado derecho continúe descansando en el suelo y sosteniendo más peso por la pierna que por el brazo. Bájalo de nuevo y repite este movimiento hasta que ambos os sintáis cómodos.

3 Esta vez, eleva más al niño del suelo y balancéalo suavemente de un lado a otro, sosteniendo más peso por la pierna que por el brazo. El brazo derecho de tu hijo puede rozar ligeramente el suelo. Para evitar una sobrecarga de tu columna vertebral, mantén las rodillas flexionadas y los hombros relajados. Bájalo y repite toda la secuencia con el lado derecho del niño.

69

Estiramiento lateral con una pelota

El estiramiento lateral puede ser más fácil si utilizas una pelota de ejercicios, ya que soportará el peso de tu hijo, ayudándolo a adquirir confianza. Cuando se sienta seguro, puedes subirlo y bajarlo de la pelota como en el ejercicio anterior para potenciar el estiramiento. Es posible que tengas que darle un ligero puntapié a la pelota cuando lo hayas bajado. Ten cuidado con tu equilibrio al hacerlo.

Al igual que en cualquier ejercicio, es importante esperar hasta que el niño se sienta completamente confiado y seguro en la posición básica antes de intentar la variación más avanzada sugerida en el paso 3. A algunos niños tal vez no les gusta que los eleven de esta forma. Así pues, presta atención a las respuestas del pequeño. Al primer signo

de aprensión, hazlo botar o balancéalo suavemente sobre la pelota y no intentes de nuevo este ejercicio. Es preferible que repitas las etapas en las que tu hijo se sienta cómodo para restablecer su confianza.

1 Ponte de pie con las piernas y los
· · · pies separados, y las rodillas un poco flexionadas. El niño deberá tumbarse de espalda sobre la pelota mientras lo sujetas por el antebrazo izquierdo y la sección inferior de la pierna del mismo lado.

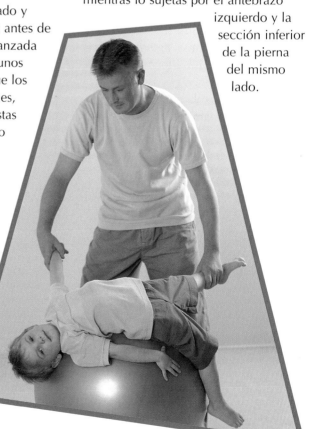

2 Sujétalo firmemente y hazlo rodar hasta que toque el suelo con la mano derecha. Hazlo rodar con suavidad hacia atrás y hacia delante dos o tres veces.

3 Cuando tu hijo se sienta seguro, puedes intentar la siguiente variación. Cuando haya tocado el suelo con la mano, en el paso 2, elévalo un poco de la pelota y balancéalo hacia atrás y hacia delante.

4 Repite el balanceo tres o cuatro veces antes de bajarlo de nuevo al suelo. Repítelo con el lado derecho del niño.

De pie sobre las rodillas

A la mayoría de los niños les encanta una pizca de riesgo cuando saben que están en manos seguras. Les gusta que los lancen al aire, que los recojan, columpien y balanceen cuando son conscientes de que papá o mamá evitarán que se caigan. Este tipo de juego fomenta la confianza del niño.

Durante el balanceo, la flexibilidad es fundamental. Si tu hijo tiene los tobillos flexibles, se flexionarán con facilidad, permitiendo que su cuerpo se mantenga vertical mientras sus pies giran para asegurar el equilibrio. Y si no son flexibles, todo su cuerpo se desequilibrará al girar los pies. Éste es un ejercicio elemental de equilibrio que proporciona una introducción relativamente segura a este arte. Cuando tu hijo se encarame por tus rodillas, como un marinero ascendiendo por el mástil de un barco, fortalecerá y estabilizará sus piernas y fomentará la flexibilidad de los pies y los tobillos.

Como en todo equilibrio, incluso el más simple, existe el riesgo de caer. Así pues, procura rodearte de cojines y trabaja sobre una superficie blanda y antideslizante, asegurándote de que la posición de tus piernas es firme y estable para que no cedan ni se tambaleen cuando el niño esté sobre ellas.

Consejo práctico

Procura que los pantalones te queden bien ceñidos a la altura de las rodillas para que no se deslicen cuando tu hijo esté de pie sobre ellas. Respecto al niño, es preferible que esté descalzo para poder aferrarse con los pies.

1 Túmbate de espaldas
en el suelo con las rodillas
flexionadas y un cojín debajo
de la cabeza. Sujeta a tu hijo
por las manos y antebrazos.

2 Mientras lo sujetas con firmeza
y mantienes las rodillas juntas,
ayúdalo a encaramarse hasta tus
rodillas.

3 Manténlo estable con las manos,
procurando que las rodillas del
niño permanezcan juntas. Cuando
ambos os sintáis cómodos, suelta
rápidamente una mano y luego la otra
para que él quede en equilibrio aunque
sólo sea un momento.

4 Cógelo de nuevo de las manos para ayudarlo a bajar
al suelo. Para ello, si lo deseas, puedes estirar
lentamente las piernas. De lo contrario, puede bajar él solo.

¡La montaña se mueve!

Somos conscientes de nuestro yo físico a través de un sentido escasamente conocido que se conoce como propiocepción. Sus receptores, es decir, los propioceptores, están situados en la parte no auditiva del oído interno, además de los músculos, tendones y articulaciones. Se estimulan mediante la actividad muscular, el movimiento de las articulaciones y el posicionamiento del cuerpo en el espacio. Funcionan a modo de pequeños niveles de alcohol, de los que se usan para verificar la horizontalidad de una superficie, y nos ayudan a mantener el equilibrio.

La propiocepción está más desarrollada en los cuerpos flexibles y ágiles. Los juegos y ejercicios relacionados con el equilibrio, como el que te proponemos aquí, también estimulan este sentido y contribuyen a desarrollarlo. A medida que, con la práctica, se va incrementando la propiocepción, mantenerse en equilibrio resulta más fácil, desarrollando un perfecto sentido de consciencia física.

Consejo práctico

Mantén la cabeza relajada sobre el cojín durante todo el ejercicio. Al percibir la posición de tu hijo a través de las manos, no necesitarás arquear el cuello para verlo.

1 Túmbate en el suelo con la cabeza apoyada en un cojín, las piernas elevadas y las rodillas flexionadas. Sienta a tu hijo a horcajadas sobre tus piernas.

2 Sosténlo por las plantas de los pies, manteniendo los codos en el suelo y, si es necesario, apoyando los antebrazos en los muslos para conseguir una mayor estabilidad.

3 Soportando una cantidad progresiva de peso del niño con las manos, estira las piernas mientras él se inclina sobre ellas para apoyarse. Para mayor seguridad, puede sujetarse de tus piernas.

4 Cuando ambos estéis en una posición estable, puede mantener el equilibrio por sí solo. Asegura con firmeza la posición de tus piernas para estabilizar el apoyo del niño.

75

Caminar hasta los hombros

Muchas de las actividades que les gustan a los niños, tales como trepar y mantener el equilibrio sobre cualquier superficie cuando son pequeños y montar en bicicleta y patinar cuando son mayores, dependen del sentido del equilibrio. Estas actividades contribuirán a mejorar las técnicas de equilibrio de tu hijo.

Los juegos de equilibrio como éste fomentan tanto la fuerza y coordinación de los músculos posturales como de los que soportan la columna vertebral.

Empieza gradualmente, de manera que el niño trepe sólo una corta distancia de tu cuerpo. A medida que vaya adquiriendo más confianza, deseará encaramarse más y más alto. Háblale durante todo el ejercicio, recordándole que debe sujetarse con los dedos de los pies y tomarse las cosas con calma, ascendiendo pasito a pasito y colocando los pies con cuidado, al igual que los expertos montañeros. El desafío final consiste en ver cuánto tiempo es capaz de mantenerse en equilibrio sobre tus hombros mientras lo sujetas ligeramente de las manos.

1 Siéntate sobre los talones, encima de un cojín, con el niño de pie frente a ti. Sujétalo con firmeza por las manos y antebrazos.

2 Mientras te inclinas un poco hacia atrás, deja que tu hijo «camine» hacia tus hombros. Mientras se encarama, debes mantener la espalda recta y el abdomen firme.

3 Si se divierte trepando, deja que prosiga gradualmente hasta llegar a tus hombros.

4 Presiona sus manos contra las caderas mientras mantiene el equilibrio sobre tus hombros. Transcurridos unos segundos, ayúdalo a descender lentamente hasta el suelo, sujetándolo con seguridad.

De pie sobre los hombros

Este ejercicio se basa en la confianza y comunicación entre tú y tu hijo. No sólo deberás mantener tu propio equilibrio para proporcionarle una base segura, sino que también tendrás que confiar en tus instintos, adivinando cuándo está realmente en equilibrio antes de empezar a soltarlo de las piernas. Este tipo de intimidad y conexión no se puede exigir, sino que sólo se puede alimentar mediante la práctica.

1 Siéntate cómodamente sobre los talones, sobre un cojín si lo prefieres, con el niño de pie frente a ti.

2 Sujétalo por las manos y los antebrazos, y deja que «camine» por tu cuerpo hasta ponerse de pie sobre tus hombros.

Como ejercicio preliminar, anima al niño a practicar el equilibrio sobre una sola pierna. Cuando veas que es capaz de hacerlo con las dos, sabrás que está listo para intentar el equilibrio siguiente.

Mientras trabajáis juntos, acuérdate de mantener recta la espalda. Habla al pequeño durante el ejercicio para que se sienta relajado y seguro de sí mismo, y no lo apresures.

Consejo práctico

Es más fácil mantenerse en equilibrio si eliges un punto fijo al que mirar durante todo el ejercicio. Concéntrate en algo que esté situado al nivel de los ojos o más arriba, en lugar de mirar hacia abajo. Sugiere un punto focal a tu hijo antes de trepar a tus hombros.

3 Transfiere con cuidado la sujeción hasta las caderas y las piernas.

4 Cuando ambos estéis en equilibrio, suelta primero una mano y luego la otra, manteniéndolas cerca para mayor seguridad. Disfruta de la sensación de equilibrio durante unos instantes.

Giro hacia atrás
desde el hombro

La vida es dinámica. La vida es movimiento. Desde el nacimiento la fuerza vital de tu hijo se expresa continuamente a través de una amplia diversidad de acciones y posturas.

El amor innato del pequeño hacia el movimiento constituye una fuente de alegría y debería fomentarse a toda costa. Si bien existe un tiempo para la tranquilidad y los suaves estiramientos, también debe haber otro para los ejercicios acrobáticos y aventurados como el que te proponemos aquí. Aunque parece complicado, descubrirás que a medida que vayáis trabajando juntos, los movimientos fluyen con una absoluta naturalidad. Gozad y divertíos.

1 Empieza sentándote sobre los talones, a ser posible sobre un cojín, con tu hijo frente a ti. Sujétalo de los antebrazos, procura mantenerlo estable mientras camina por tu cuerpo hasta llegar a los hombros. Mantén la espalda recta mientras se encarama.

2 Cuando el niño flexione las rodillas y descienda hacia tu cuerpo, arrodíllate para proporcionarle el impulso que necesita y girar hacia atrás.

Truco

*Es posible que
los niños más pequeños
necesiten más soporte,
rodando hasta tu regazo
o terminando en posición
de sentado en
el suelo.*

3 Sostén firmemente a tu
··· hijo mientras gira
hacia atrás, sujetándolo de
las caderas o de los brazos
(*superior izquierda*), pero
no de las manos o
muñecas. De este modo,
podrás controlar la
velocidad del giro. Los
niños mayores pueden
rodar hacia atrás hasta
llegar al suelo,
terminando de pie
(*inferior derecha*).

Giro hacia atrás desde las piernas

Cuando tu hijo se haya acostumbrado a girar hacia atrás, puedes intentar dar un paso más y probar con el giro hacia atrás desde los muslos. Aunque a primera vista podría parecer complicado, los niños pequeños asumen los movimientos con una extraordinaria naturalidad. Aun así, actúa con cuidado, sujetándolo por las manos y los antebrazos; recuerda que sus muñecas todavía no se han desarrollado por completo. Es importante que el niño tire hacia dentro del mentón durante el giro hacia atrás. Esto es útil para muchas actividades, pues existe un menor riesgo de lesión en el cuello.

1 Flexiona las rodillas, separa los pies y sujeta firmemente a tu hijo por las manos y antebrazos (*izquierda*). Déjalo que se encarame a tus piernas (*centro*), prosiguiendo hasta quedar «sentado» en tu vientre (*derecha*).

Mantén los pies abiertos para gozar de una mayor estabilidad y las rodillas flexionadas para ayudar a tu hijo y proteger la región lumbar de tu espalda.

Cuando dominéis este giro, ¡prepárate! El pequeño deseará practicarlo en cualquier momento y en cualquier lugar. Le divierte muchísimo. También querrá enseñárselo a sus amigos.

Truco

Algunos niños tardan algún tiempo en divertirse cuando se les coloca cabeza abajo. En este ejercicio, bastante avanzado, es fundamental empezar poco a poco y no apresurar el giro. Prepara a tu hijo enseñándole a hacer volteretas hacia delante en el suelo; sigue los pasos de «Giro hacia atrás desde los hombros» (véase p. 80). No olvides colocar varios cojines mullidos o colchonetas en el suelo para atenuar las caídas.

2   Desde aquí, sólo falta un simple movimiento hacia atrás para dar la vuelta. Mantén las rodillas flexionadas mientras empieza a flexionar las suyas (*izquierda*). Puedes ayudarlo a impulsarse empujando un poco con las caderas (*centro*) hasta que termine de pie en el suelo (*derecha*).

EJERCICIOS DE JUEGO DE ROL

«¡Mira, Angie, soy un gorila!»

«¡Vamos a fingir!» Para los niños, éstas son palabras mágicas. Si combinas los cuentos y los juegos de rol con la gimnasia ligera, tus hijos ni siquiera se darán cuenta de que están haciendo ejercicio. Deja volar la imaginación.

Un viaje por el zoo

A los niños les encantan los cuentos y los juegos de rol. De ahí que una forma de animarlos a practicar gimnasia ligera consista en incorporar varios estiramientos a un relato. Se divertirán tanto representando el cuento que ni tan siquiera se darán cuenta de que están haciendo ejercicio. En el caso que nos ocupa, hemos entrelazado algunos ejercicios clave en un cuento que versa sobre un grupo de niños que realizan una visita didáctica al zoo.

Puedes utilizar este cuento interactivo con uno o varios niños. A medida que lo vayas leyendo, encontrarás pistas para que los pequeños emulen determinados comportamientos.

Al final, deberían dedicar unos cuantos minutos a relajarse, ya sea tumbados y en silencio, con una música suave o escuchando cómo les hablas dulcemente, tal vez de la sensación que se experimenta al notar el calor del sol en el rostro una tarde de primavera.

Cuando te hayas familiarizado con el tema, puedes personalizar la historia a tu antojo. Cambia el nombre de la escuela por el del grupo de juego o escuela de tu hijo, por ejemplo. Alternativamente, puedes utilizar el cuento a modo de juego en su fiesta de cumpleaños, sustituyendo el nombre de los niños que visitan el zoo por el de los invitados.

os niños de la Escuela Primaria Larkshill están muy excitados. El señor Dawkins va a llevarlos de visita al zoo y pasarán allí todo el día. Una vez en el zoo, el maestro los reúne a su alrededor. **«Prometedme que vais a portaros como es debido»**, dice el señor Dawkins, **«y dejad de hacer lo que estéis haciendo cuando yo os lo diga.»** «Así lo haré», dice Angie. **«Puedo permanecer tan inmóvil como un árbol.»**

«Así lo haré. Puedo permanecer tan inmóvil como un árbol.»

1 Angie está de pie, en silencio. Levanta una pierna, colocando el pie sobre la otra pierna para mantener el equilibrio.

2 Se balancea durante unos segundos, sintiéndose tan firme como un roble.

3 Si es capaz de mantener un buen equilibrio, levanta las manos por encima de la cabeza, como las ramas del árbol.

«Mirad, también puedo mantener el equilibrio sobre la otra pierna», dice Angie mientras invierte la posición de las piernas. Los demás niños imitan a Angie.

¿Eres capaz de mantenerte en equilibrio sobre una pierna como un árbol?

En el zoo los niños se dirigen al terrario, donde habitan los reptiles. Allí ven a una enorme serpiente india. **«Es enorme»**, dice Harry. Los niños observan a la serpiente a través del cristal. De pronto, la serpiente levanta la cabeza y deja escapar un poderoso silbido. **«Me está hablando»**, dice Harry, excitadísimo. **«Voy a responderle.»**

1 Harry está tumbado en el suelo, boca abajo, con los brazos estirados al frente.

2 Eleva el tronco y se apoya con los codos, arqueando ligeramente la espalda.

3 Estira los brazos y, levantando la cabeza y el tórax, deja escapar un fuerte silbido (**«Hisssss»**). La serpiente vuelve a silbar y Harry también, más fuerte que antes.

«Me está hablando.»

¿Puedes ser una serpiente?

«**Mira**», exclama de pronto Mark. «**¡Venid aquí! Venid a ver esto.**» Los niños se apresuran hacia donde está Mark. Frente a él hay una rana enorme. «**Croac, croac**», dice la rana. «**Croac, croac, croac, croac**». Los niños presionan la nariz contra el cristal para verla mejor, y al hacerlo, la rana da un salto gigantesco en el aire y desaparece debajo de una roca.

«**¡Menudo salto!**», dice Mark. «**Apuesto a que no podríais saltar así**», dice Jane. «**¿Qué no?**», dice Mark. «**Te apuesto a que sí.**»

«**Y yo puedo saltar más lejos que tú.**»

1 Mark se coloca a cuatro patas, separando las rodillas y los pies.

2 Se pone en cuclillas, camina con las manos hasta que los codos están situados entre las rodillas.

3 Luego da un gran salto de rana.

«**Puedo abrir las rodillas más que tú**», dice Jane. «**Y yo puedo saltar más lejos que tú.**», dice Mark. Muy pronto, toda la clase está dando saltos de rana.

¿Puedes ser una rana?

«**Vamos, niños**», advierte el señor Dawkins. «**Tenemos un montón de cosas que ver. Poneos en fila y seguidme.**» El señor Dawkins encabeza la marcha. Poco después, los niños llegan a un recinto al aire libre. Está lleno de árboles, cuerdas y diferentes tipos de columpios. En lo alto del recinto hay un gran rótulo en el que se lee GORILAS. «**Aquí viven los monos**», dice Peter. «**No, los gorilas son diferentes de los monos**», dice James. «**Mira**», dice Peter, «**Míralo, se está comiendo un plátano.**»

«**Puedo abrir las rodillas más que tú.**»

Un gran gorila está sentado cerca de los niños, pelando una banana. Los pequeños lo observan fascinados. Luego, se pone en pie, volviéndoles la espalda. **«¡Oh!»**, dice Angie. **«Creo que se va a marchar.»**

Como si acabara de oírla, el gorila se inclina hacia delante y observa a los niños entre las patas. A continuación, completa la inclinación, da una voltereta y vuelve a ponerse en pie. Se vuelve para mirar a los niños, batiendo el pecho con los puños. **«¡Uau!»**, dice Peter, **«¡es genial!»**

1 Flexionando las rodillas, Peter se inclina hacia delante y grita: **«¡Eh, Angie, mira! Soy un gorila»**.

2 Peter estira las piernas y mira entre ellas.

3 Luego, se le une Jason. Flexionando las piernas, tira hacia dentro del mentón y se enrosca en forma de bola antes de inclinarse hacia delante y dar una voltereta, quedando tumbado de espaldas.

4 Jason se pone en pie, batiendo el pecho con los puños. **«¡Eh, Peter, también soy un gorila!»**

«¡Eh, Angie, mira! Soy un gorila.»

«¡Eh, Peter, también soy un gorila!»

¿Puedes ser un gorila?

«Vamos, niños», dice el señor Dawkins. **«Iremos a visitar a los insectos.»** En el recinto de los insectos reina una atmósfera muy calurosa. Los niños quedan asombrados ante los ciempiés gigantes, las arañas y las enormes cucarachas. **«Me gustaría tener uno de éstos»**, dice Freddie, señalando un gran insecto palo. **«Mi mamá se llevaría un susto de muerte»**, añade, haciendo una divertida mueca.

«No seas tonto», dice Jane. **«¡Oh, mira!»**, exclama señalando una enorme mariposa de vivos colores. **«Me encantaría tener una.»** Los niños la observan maravillados mientras abre y cierra las alas, hasta que de pronto emprende el vuelo y se posa en una hoja de helecho. **«Me gustaría ser una mariposa»**, comenta Angie, **«y poder volar a todas partes.»**

«Mira, soy una mariposa.»

1 Angie se sienta en el suelo con los pies juntos y las rodillas abiertas.

2 Se sujeta los pies con las manos.

3 Irguiendo la espalda, tira de los pies y abre aún más si cabe las rodillas, apoyándolas en el suelo. Luego, sube y baja suavemente las rodillas, simulando el vuelo de una mariposa. **«Mira»**, dice, **«soy una mariposa.»** Jane aplaude, emocionada.

¿Puedes ser una mariposa?

«Venid, venid», dice el señor Dawkins. **«Aquí hay algo especial que quiero que veáis.»** Los niños lo siguen excitados y llegan a otro recinto con un bosque de bambú. **«No veo nada»**, dice Tom.

«Yo sí», tercia Harry. **«¡Mirad allí!»** Harry señala un gran panda blanco y negro. **«Es precioso, ¿verdad?»**, pregunta. **«No es precioso, sino preciosa»**, dice Johnny. **«Fíjate.»** Sentado junto al enorme panda hay un bebé panda. Tiene una pata abierta y la otra cerrada. Luego abre las dos e, inclinándose

hacia delante para estirar la espalda, se toca los dedos de los pies. A continuación, recupera la postura anterior y se rasca la cabeza.

«¡Ahhhhhh!», dicen los niños. «¿No es una monada?» «Como yo», dice Johnny. «¿Acaso no soy también una monada?» Los niños se vuelven para observar a Johnny.

«Como yo.» «¿Acaso no soy también una monada?»

1 Johnny está sentado con una pierna estirada y la otra flexionada.

2 Estira las dos piernas.

3 Luego se inclina hacia delante y se toca los dedos de los pies. Todos los niños se ríen.

¿Puedes ser un oso panda?

«Seguidme», dice el señor Dawkins. «Por aquí, y no os disperséis.» Los niños siguen a su maestro hasta que éste se detiene frente a un grupo de chimpancés. Los bebés corretean en círculo. En medio del grupo, sentado sobre los pies, hay un gran chimpancé macho de aspecto perezoso. Poco después, se inclina hacia atrás, colocando las manos en los pies y tira del pecho hacia delante. Apoyado de nuevo en el suelo con las manos, exhala un profundo suspiro.

1 Al igual que un chimpancé, Jane está sentada sobre los pies.

2 Coloca las manos en los pies, se inclina hacia atrás y empuja el pecho hacia arriba.

3 Luego se apoya de nuevo en el suelo con las palmas de las manos, exhalando un profundo suspiro.

¿Puedes ser un chimpancé?

Unos cuantos ladridos llaman la atención del grupo. En medio de la hierba, un perro está jugando con una pelota, mientras un niño pequeño lo persigue intentando quitársela. Los padres del pequeño están sentados en la hierba, disfrutando de un picnic, mientras se ríen de las cabriolas del perro. «**Vamos, Toby, devuélvemela**», dice el niño, mientras intenta recuperar su pelota. El perro hace caso omiso y, sujetando la pelota en la boca, corre y corre alrededor del pequeño.

De pronto, se detiene, deposita la pelota en el suelo y se inclina sobre las patas delanteras, estirando el pecho y arqueando la espalda mientras estira las patas. El niño, juguetón, lo imita.

1 Se pone en cuclillas frente a su perro.

2 Luego se inclina hacia delante y estira los brazos, adelantando la posición de las manos.

3 A continuación ejerce presión sobre los talones y estira el pecho al tiempo que arquea la espalda.

El perro lo mira inmóvil, y de pronto, el niño salta hacia delante, coge la pelota y sale corriendo. El perro lo persigue, mientras el pequeño no para de reír.

¿Puedes ser un perro?

«**De acuerdo**», dice el señor Dawkins. «**¿A quién le apetece almorzar?**» Los niños están hambrientos y sedientos. Hace mucho calor. Han traído bocadillos y zumo de frutas. Siguen al señor Dawkins hasta una zona de hierba. Hay un rótulo clavado en un árbol en el que se puede leer: «**Zona de picnic**».

Tan pronto como se sientan, se produce un gran ajetreo, pues algunos cuidadores del zoo intentan atrapar a varias ovejas que se han escapado del Zoo Infantil. Freddie mira a su maestro. «**Señor Dawkins**», dice. «**Alguien se olvidó de cerrar...**»

1 Angie se pone de pie, mirando hacia delante y con las piernas y los pies separados.

2 Se inclina lateralmente, bajando la mano izquierda hasta el tobillo del mismo lado.

3 Luego levanta la mano derecha.

Los niños no acaban de comprender lo que está haciendo su compañera. Angie se reincorpora y repite el movimiento por el lado opuesto, bajando la mano derecha hasta el tobillo derecho.

«**¡La cancela!**», gritan todos al unísono. El señor Dawkins se ríe.

¿Puedes ser una cancela?

Los escolares han terminado de almorzar y charlan animadamente. «**De acuerdo**», dice el maestro. «**Cinco minutos de descanso antes de marcharnos a casa. Quiero que estéis tan quietos como sombras.**» Los niños se tumban en la hierba, gozando de la calidez del sol. Ha sido un día muy emocionante y están cansados y felices.

1 Extienden los brazos y las piernas, y cierran los ojos.

2 Tienen la sensación de fundirse con la suave hierba.

¿Puedes estar tan quieto como una sombra?

ÍNDICE ANALÍTICO

AGRADECIMIENTOS

El autor desea dar las gracias a:
Becky Alexander, Michelle Bernards, Denise Brown, Amy Carroll, Frank Cawley, Stephanie Driver, Evie Loizides-Graham, Jules Selmes, David Yems y a todo el equipo de Carroll & Brown.

Y también a Heather y Emma, de la agencia Bubblegum, por haber proporcionado los modelos.

Modelos:
Alexander Antoniou, Ross Axton, Freddie Badham, Aliyah Butt, James Cundy, Joe Green, Maia Harris, Kameron Harvey-Smart, Olivia Haysman-Walker, Tabitha Hutchins, Georgie Mziu, Rio Otero, Oliver Peacock, Kyle Roullier, Ezria Rolfe, Harry Scott, Blayne Shiels, Charlie Taylor, Tess Turner, Charlotte Vaughan, Sunisa Visessombat, William Wilcocks y mi agradecimiento más especial para mi hijo, Sauri Roche Walker, que también ha posado como modelo.

Carroll & Brown desea dar las gracias a:
Karol Davies
Gerencia de producción

Nigel Reed
Dirección de producción

Paul Stradling
Gerencia informática

Jessie Owen
Maquillaje artístico

Colchonetas de yoga:
Hugger Mugger Ltd
12 Roseneath Place, Edinburgh, EH9 1JB
tel: 0131 221 9977
fax: 0131 221 9112
e-mail: info@huggermugger.co.uk
página web: www.huggermugger.co.uk

Alfombra:
Rainbow Carpets and Curtains
413 Harrow Road, Londres, W9 3QJ
tel: 020 8964 8181